하나님께 자신을 맡긴 왕비 에스더

목 차

1. 이방 나라의 왕비가 된 에스더

말씀듣기

1. 바사와 메데의 와스디 왕비가 궁전에서 쫓겨났어요.
2. 왕은 새로운 왕비를 골랐고, 유다의 아가씨 에스더가 뽑혔어요.
3. 왕은 에스더 왕비를 사랑하였고, 왕비를 위해 잔치를 열었어요.

하나님의 말씀을 듣고, 따라서 쓰고, 외워보세요

왕이 그의 머리에 관을 씌우고 와스디를 대신하여 왕후로 삼은 후에

(에스더 2:17 하)

2. 유대인들을 죽이려 한 하만

말씀듣기

1. 왕이 하만을 높여 하만이 지날 때, 사람들이 그에게 절하였어요.
2. 모르드개는 하나님 외에는 누구에게도 절하지 않았어요.
3. 하만은 모르드개가 유다인인 것을 알고 유대인들을 죽이려 했어요.

하나님의 말씀을 듣고, 따라서 쓰고, 외워보세요

하만이 모르드개만 죽이는 것이 부족하다고 생각하고 아하수에로의 온 나라에 있는 유다인 곧 모르드개의 민족을 다 멸하고자 하더라 (에스더 3:6)

3. 나라를 구하는 에스더의 결심

말씀듣기

1. 모르드개는 에스더에게 유대인들이 죽게 될 것을 알렸어요.
2. 에스더는 '죽으면 죽으리이다' 라는 심정으로 기도를 하였어요.
3. 수산에 있는 유다인들도 금식을 하며, 에스더 왕비를 위해 기도했어요.

하나님의 말씀을 듣고, 따라서 쓰고, 외워보세요

나도 나의 시녀와 더불어 이렇게 금식한 후에 규례를 어기고 왕에게 나아가리니 죽으면 죽으리이다 하니라

(에스더 4:16 하)

4. 나무에 달린 하만

말씀듣기

1. 에스더는 왕에게 하만이 유다인들을 죽이려 하는 꾀를 알렸어요.
2. 아하수에로 왕은 하만에게 화를 내고, 그를 나무에 매달았어요.
3. 하나님께서 에스더와 유다인들의 기도에 응답해 주신 거에요.

하나님의 말씀을 듣고, 따라서 쓰고, 외워보세요

모르드개를 매달려고 한 나무에 하만을 다니 왕의 노가 그치니라

(에스더 7:10)

5. 조서를 명하는 아하수에로 왕

말씀듣기

1. 아하수에로 왕은 유다인들을 살려주기 위한 조서를 쓰게 하였어요.
2. 유다인들을 살려주는 조서가 수산을 비롯해 온 나라에 붙여졌어요.
3. 이날에, 그들에게는 영광과 기쁨, 존귀함이 넘쳐났어요.

하나님의 말씀을 듣고, 따라서 쓰고, 외워보세요

너희는 왕의 명의로 유다인에게 조서를 뜻대로 쓰고 왕의 반지로 인을 칠지어다 왕의 반지로 인친 조서는 누구든지 철회할 수 없음이니라 (에스더 8:8)

6. 슬픔이 변하여 기쁨이 되다

말씀듣기

1. 죽을 수밖에 없었던 날이, 유다인들을 살려주는 날로 바뀌었어요.
2. 유다인들은 이 날을 부림절이라 부르고 서로 함께 기뻐하였어요.
3. 온 나라 안에 잔치를 베풀고, 가난한 사람들을 도와주었어요.

하나님의 말씀을 듣고, 따라서 쓰고, 외워보세요

수산에 사는 유다인들은 십삼일과 십사일에 모였고 십오일에 쉬며 이 날에 잔치를 베풀어 즐긴지라

(에스더 9:18)

미로찾기

왕비 에스더는 위기에 빠진 유다인을 구하기 위해 왕에게 나아가기로 했어요.
궁궐안은 복잡하고 위험한 곳이 많아요 어떻게 찾아가면 될까요?. ^^ (정답은 16p에)